LE MANUEL
DES PÉLERINS
DE
SAINTE REINE D'ALISE,
VIERGE ET MARTYRE;

Par M. ANDRÉ-JOSEPH ANSART, Conventuel de l'Ordre de Malthe, des Académies d'Arras & des Arcades de Rome, Avocat au Parlement, & Docteur ès-Droits de la Faculté de Paris.

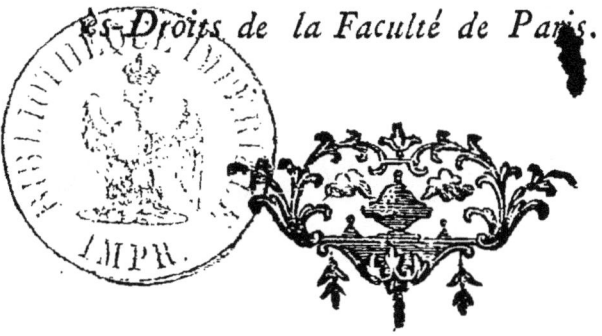

A PARIS,

Chez { La Veuve HÉRISSANT, Imprimeur-Libraire, rue neuve Notre-Dame, à la Croix d'or ; THÉOPHILE BARROIS, Jeune, Libraire, rue du Hurepoix, près le Pont Saint-Michel.

Avec Approbation, & Privilege du Roi.

EPITRE
DÉDICATOIRE

A M. DE PIOLENC,

Chevalier de Malthe, & Commandeur de Comps.

Monsieur le Commandeur,

Un génie propre à toutes les sciences, une ame capable des plus belles entreprises, un cœur sensible aux besoins des pauvres, un coup-d'œil juste & rapide, c'est l'heureux assemblage des éminentes qualités qui ont distingué M. le Marquis de Piolenc. Les différens ordres de la société trouvoient en lui un modele en tout genre. Le Magistrat admiroit son intégrité, l'honnête homme se le proposoit pour exemple; les Orateurs envioient son éloquence; les Sçavans briguoient ses lumieres; les plus nobles Maisons recherchoient son alliance. Il avoit une crainte filiale pour Dieu, une bonté paternelle pour les peuples confiés à son gouvernement (a). *Chacun de ses jours étoit une félicité publique: sa mort fut une*

(a) M. le Marquis de Piolenc a été Avocat-Général, puis Président à mortier au Parlement de Grenoble, & enfin Commandant en chef du Dauphiné.

DÉDICATOIRE.

désolation générale. Quelles leçons pour les enfans que les vertus du pere ! Élevé à son école, M. votre Frere avoit hérité de lui sa tendre compassion pour les pauvres, son goût pour la Littérature, & cette affabilité qui lui gagnoit tous les esprits. De-là le bonheur que goûterent les Religieux de son Abbaye, dans un commerce aussi doux, aussi intéressant que le sien (b). *Vous-même,* MONSIEUR, *vous nous retracez aujourd'hui ses vertus. Sous quels auspices plus glorieuses pouvois-je publier cet Ouvrage ? Devois-je séparer de la justice que je rends au mérite*

(*b*) M. de Piolenc, Abbé Commendataire de l'Abbaye de Flavigny, où repose le corps de Sainte Reine depuis neuf cens six ans.

ÉPITRE DÉDICAT.

du pere, le tribut d'hommages dûs si légitimement à ses fils?

Je suis avec respect,

MONSIEUR LE COMMANDEUR,

Votre très-humble & très-obéissant serviteur, ANSART.

A Paris, ce 8 *Janvier* 1780.

PRÉFACE.

Dans le defir que j'ai conçu d'être utile aux Fidéles, & de nourrir les fentimens d'une véritable piété dans ceux qui fe dévouent au culte particulier de Sainte Reine, j'ai cru devoir donner ici un Abrégé de fa Vie, avec des Prieres pendant la Meffe, des Inftructions pour s'approcher dignement du Tribunal de la Pénitence & de l'Euchariftie. Les perfonnes qui entreprennent le Pélerinage à l'Eglife où repofe le corps de cette refpectable Vierge & Martyre, trouveront tout ce qui peut les conduire à obtenir de Dieu, par fon interceffion, le falut de l'ame, & la guérifon des infirmités corporelles. J'y joins l'Office des différentes Fêtes établies en son honneur; & j'ose espérer qu'on sera satisfait de toutes les parties qui le composent: je me persuade aussi que l'on me saura gré d'avoir changé la prose.

APPROBATION.

J'AI lu par ordre de Monseigneur le Garde des Sceaux, un Manuscrit ayant pour titre : *Le Manuel des Pélerins de Sainte Reine, & l'Histoire de Sainte Reine & de l'Abbaye de Flavigny*, par M. l'Abbé ANSART. Cet Ouvrage destiné à nourrir la dévotion à Sainte Reine, m'a paru remplir son objet ; & la partie historique peut avoir aussi son utilité. A Paris, ce 1 Mai 1780.

GUYOT,
Prédicateur ordinaire du Roi.

PRIVILEGE DU ROI.

LOUIS, par la grace de Dieu, Roi de France & de Navarre : A nos amés & féaux Conseillers, les Gens tenant nos Cours de Parlement, Maîtres des Requêtes ordinaires de notre Hôtel, Grand-Conseil, Prévôt de Paris, Baillifs, Sénéchaux, leurs Lieutenans-Civils, & autres nos Justiciers qu'il appartiendra, SALUT. Notre amé le Sieur Abbé ANSART, de l'Ordre de Malte, Nous a fait exposer qu'il desireroit faire imprimer, & donner au Public *Le Manuel des Pélerins de Sainte Reine, & l'Histoire de Sainte Reine & de l'Abbaye de Flavigny, l'Histoire de S. Fiacre & de son Monastere, Manuel des Pélerins de S. Fiacre* ; le tout de sa composition ; s'il Nous plaisoit lui accorder nos Lettres de Privilége à ce nécessaires. A CES CAUSES, voulant favorablement traiter l'Exposant, Nous lui avons permis & permettons de faire imprimer lesdits

Ouvrages autant de fois que bon lui semblera, & de les vendre, faire vendre par tout notre Royaume. Voulons qu'il jouisse de l'effet du présent Privilége, pour lui & ses hoirs, à perpétuité, pourvu qu'il ne le rétrocede à personne; & si cependant il jugeoit à propos d'en faire une cession, l'Acte qui la contiendra sera enregistré en la Chambre Syndicale de Paris, à peine de nullité, tant du Privilége que de la cession; & alors par le fait seul de la cession enregistrée, la durée du présent Privilége sera réduite à celle de la vie de l'Exposant ou à celle de dix années, à compter de ce jour, si l'Exposant décede avant l'expiration desdites dix années; le tout conformément aux articles IV & V de l'Arrêt du Conseil du 30 Août 1777, portant Réglement sur la durée des Priviléges en Librairie. FAISONS défenses à tous Imprimeurs, Libraires, & autres personnes, de quelque qualité & condition qu'elles soient, d'en introduire d'impression étrangere dans aucun lieu de notre obéissance; comme aussi d'imprimer ou faire imprimer, vendre, faire vendre, débiter ni contrefaire lesdits Ouvrages, sous quelque prétexte que ce puisse être, sans la permission expresse & par écrit dudit Exposant, ou de celui qui le représentera, à peine de saisie & de confiscation des Exemplaires contrefaits, de six mille livres d'amende, qui ne pourra être modérée, pour la premiere fois, de pareille amende & de déchéance d'état en cas de récidive, & de tous dépens, dommages & intérêts, conformément à l'Arrêt du Conseil du 30 Août 1777, concernant les contrefaçons; à la charge que ces Présentes seront enregistrées tout au long sur le Registre de la Communauté des Imprimeurs & Libraires de Paris, dans trois mois de la date d'icelles; que l'impression dudit Ouvrage sera faite dans notre Royaume, & non ailleurs, en beau papier & beaux caracteres, conformément aux Réglemens de la Librairie, à peine de déchéance du présent Privilége: qu'avant de l'exposer en vente, le Manuscrit qui aura servi de copie à l'impression dudit Ouvrage, sera remis dans le même état où l'Approbation y aura été donnée, ès mains de notre trèscher & féal Chevalier Garde des Sceaux de France le Sieur Hue de Mimomesnil, Commandeur de nos Ordres ; qu'il en sera ensuite remis deux Exemplaires dans notre Bibliothéque publique, un dans celle de notre Château du Louvre, un dans celle de notre trèscher & féal Chevalier Chancelier de France le Sieur de Maupeou, & un dans celle dudit Sieur Hue de Miromesnil ; le tout à peine de nullité des Présentes. Du contenu desquelles vous mandons & enjoignons de faire jouir ledit Exposant & ses hoirs, pleinement & paisiblement, sans souffrir qu'il leur soit fait aucun trouble ou empêchement. Voulons que la copie des Présentes, qui sera imprimée tout au long au commencement ou à la fin desdits Ouvrages, soit tenue pour duement signifiée, & qu'aux copies collationnées par l'un de nos amés & féaux Conseillers - Secrétaires, foi soit ajoutée comme à l'original. Commandons au premier notre Huissier ou Sergent sur ce requis, de faire pour l'exécution d'icelles, tous Actes requis & nécessaires, sans demander autre permission, & nonobstant clameur de Haro, Charte Normande, & Lettres à ce contraires : Car tel est notre plaisir. Donné à Paris, le douzieme jour de Juin, l'an de grace mil sept cent quatre-vingt-deux, & de notre Régne le neuvieme. Par le Roi en son Conseil.

LEBEGUE.

Regiſtré ſur le Regiſtre XXI de la Chambre Royale & Syndicale des Libraires & Imprimeurs de Paris, N°. 2061-2228, fol. 711, conformément aux diſpoſitions énoncées dans le préſent Privilége, & à la charge de remettre à ladite Chambre les huit Exemplaires preſcrits par l'article CVIII du Réglement de 1723. A Paris, le 20 Juin 1782.

LE CLERC, *Syndic.*

LE MANUEL

LE MANUEL
DES PÉLERINS
DE
SAINTE REINE D'ALISE,
VIERGE ET MARTYRE.

CHAPITRE PREMIER.

Abrégé de la Vie de Sainte Reine d'Alise.

REINE naquit l'an de notre salut 238, à Alife, ville de la province de Bourgogne. Son pere nommé Clément, étoit un Seigneur puissant, mais cruel & idolâtre. Sa mere mourut en couches, après l'avoir mise au monde. La providence divine la confia entre les mains d'une

Nourrice chrétienne, qui lui fit sucer avec le lait la foi de Jesus-Christ. La Sainte croissoit en âge & en vertus. Elle aimoit à lire les combats & les victoires des saints Martyrs, ou à les entendre raconter. Le sang qu'ils avoient répandu pour la défense de la Loi évangélique, lui faisoit desirer de répandre le sien, pour soutenir les mêmes intérêts.

Tandis qu'elle nourrissoit dans son cœur ce pieux desir, Dieu qui en étoit l'auteur, fit naître une occasion favorable pour faire éclater la fidélité de son épouse, & montrer sa force dans tout son jour. L'Eglise étoit battue en ce temps-là des plus furieux orages, par le souffle impétueux de l'idolâtrie. Déce gouvernoit alors l'Empire Romain. Il venoit de faire publier la septieme persécution. Les Préfets ou Intendans de Province avoient ordre de mettre son édit à exécution, & d'exterminer tous ceux qui refuseroient d'offrir l'encens aux Dieux du Capitole. On ne rencontroit par-tout que gibets, roues, chaudieres bouillantes, chevalets, peignes de fer, & tout ce que la férocité payenne pouvoit suggérer de plus inhumain, pour tourmenter les Chrétiens (a).

Olibrius commandoit dans les Gaules : ce Préfet venant à Alife, pour informer contre les Chrétiens, rencontra en son chemin Reine qui conduisoit le troupeau de sa Nourrice. Elle avoit pour lors quinze ans. La nature lui avoit prodigué tous ses dons. Olibrius fut épris de ses charmes. Il résolut de l'épouser, si son extraction le permettoit, ou du moins d'assouvir sa passion, à quelque prix que ce fût. Notre chaste Vierge qui craignoit avec raison pour sa pudeur, provoqua le Ciel à sa défense. « J'ai déjà un époux, dit-» elle au Préfet ; il est immortel, c'est » Jesus-Christ. » Olibrius plein de lui-même, & n'écoutant que le cri de sa passion, se persuadoit que Reine ne pourroit pas lui résister. Il lui demanda son nom, son origine & sa Religion. « On

___

(a) Dom Viole, Bénédictin, pag. 10 & 11, Vie de Sainte Reine.

« m'appelle Reine : la souche de ma famille est assez illustre dans le pays ; mais la plus haute de mes qualités, c'est d'être chrétienne ». Reine, répliqua le Préfet, « est-il possible que vous mettiez votre gloire dans l'ignominie de ce Galiléen, qu'un de nos Juges a fait crucifier » ? — Oui je tiens à honneur de lui appartenir : « vous me voyez disposée à sceller de mon sang l'Evangile qu'il nous a prêché ». Olibrius commença à sentir qu'il faudroit livrer bien des combats avant que de gagner une seule victoire sur cet esprit.

Quand Clément sçut la proposition du Préfet, & le refus de sa fille, il entra en fureur (a), il représenta à Reine l'honneur que lui faisoit le Lieutenant de l'Empereur, en lui proposant sa main ; il n'épargna ni promesses, ni menaces, pour lui faire abjurer le Christianisme, seul obstacle de cette alliance. Reine répondit avec une fermeté héroïque, qu'un pere

---

(a) Vie de Sainte Reine, imprimée à Châtillon en 1742.

pouvoit tout sur son enfant, pourvu que la conscience ne fût pas blessée, & que la sienne la tenoit attachée inviolablement à la Loi évangélique. Clément ne fut pas moins aigri de ce discours qu'Olibrius l'avoit été des précédens. Tous deux conclurent à la faire emprisonner. Elle eut beaucoup à souffrir dans sa prison de la part de son pere, qui, par un faux zéle pour la gloire de ses Dieux chimériques, ne relâcha rien des sévérités ordonnées par le Préfet. On ceignit le corps de Reine d'un gros anneau de fer. Une chaîne de quarante-sept chaînons & longue de onze pieds, attachée aux deux extrémités du cachot, tenoit la Sainte debout nuit & jour, sans qu'elle pût changer de situation. On peut juger par la petite circonférence de l'anneau qui entouroit son corps, qu'il étoit délicat, & peu capable de supporter un tel tourment, si la grace qui l'animoit, ne lui eût donné des forces pour le supporter; mais tandis que son corps souffroit dans les fers, son esprit prenoit un essor libre jusques dans le sein de Dieu, pour en obtenir la grace de soutenir les affauts auxquels elle s'attendoit.

L'heure vient de comparoître (a) devant Olibrius : Reine se munit du signe de la Croix, elle entre dans le Prétoire d'un pas assuré. Son port majestueux, ses graces naturelles, sa beauté frappent le Préfet plus vivement qu'auparavant. Juge & partie, il cherchoit les moyens d'accorder les intérêts de son amour avec ceux du Paganisme. " Je jure, dit-il, sur les Dieux
» tutélaires de l'Empire Romain, que si
» vous voulez leur offrir l'encens & vous
» rendre à mes offres, je vous ferai par-
» tager avec moi les premiers honneurs
» de ma charge. — Vous souhaitez de moi
» deux choses, lui répondit l'invincible
» Reine ; que je renonce à ma Religion
» pour embrasser la vôtre, & à ma virgi-
» nité, pour mériter votre alliance : & moi
» je vous invite à reconnoître le Dieu des
» Dieux que j'adore, & qui ne permettra
» pas que vous profaniez le temple de
» mon corps qui lui est consacré ».

(a) Dom Viole, p. 17 & 19.

de Sainte Reine d'Alife.

Le Préfet croyant emporter de force ce qu'il ne pouvoit obtenir par prieres, changea ses promesses en cruautés. Des bourreaux sanguinaires par ses ordres, dépouillerent la Sainte de ses habillemens, & la fouetterent impitoyablement. Ils déchargerent sur son foible corps une grêle de coups. Son sang ruisseloit de toutes parts. Ce spectacle attendrit le peuple jusqu'aux larmes. Reine seule enduroit ce châtiment d'un œil sec & serein. Les jeunes filles d'Alife qui connoissoient sa naissance & son mérite, l'exhortoient à obéir au Préfet, & à recevoir sa main. « J'ai pris
» Jesus-Christ pour époux, leur dit-elle,
» ni les tourmens ni la mort ne me feront
» rien faire qui soit indigne de l'honneur
» que j'ai de lui appartenir ».

Cette constance irrita Olibrius: il la fit suspendre en l'air: en cette posture, on lui arracha la peau avec des peignes de fer. Enfin les Bourreaux se lassent: ils délient la Sainte: ils frémissent à la vue de ses plaies. Olibrius la somme encore de sacrifier à ses idoles. « Ne m'obligez

» point, lui dit-il, d'achever à vos dépens
» une si funeste catastrophe : vos blessures
» toutes saignantes sont autant de bou-
» ches qui vous reprochent votre opiniâ-
» treté. C'est folie de croire qu'une fille
» si délicate que vous puisse soutenir le
» reste des tourmens que je vous prépare,
» & dont ceux-ci ne sont que le prélude.
» — Vous êtes vous-même dans l'erreur,
» lui répondit Reine, de croire qu'il y
» ait d'autres Dieux que celui que j'adore,
» qui est le Créateur du Ciel & de la
» Terre (*a*).

Les souffrances de Reine ne finirent qu'avec le jour, si toutefois elles peuvent finir dans une affreuse prison, où elle fut consignée pendant la nuit, & où ses plaies lui firent ressentir les douleurs les plus cuisantes; mais son esprit fortifié, comme celui de S. Paul, par les infirmités de son corps, fut ravi en extase : il lui sembla voir une grande Croix qui touchoit de la Terre au Ciel, au sommet de

---

(*a*) Manuscrit de Flavigny.

laquelle étoit une colombe blanche. L'effet qui fuivit cette vifion, fit bientôt connoître qu'elle n'étoit pas imaginaire; car la Sainte fentit fur le champ accroître fon courage. Elle fe difpofa à recevoir de nouvelles tortures, plus fenfibles que les premieres. Durant cet entretien amoureux de notre illuftre Vierge avec fon chafte Epoux, elle entendit ces paroles :
« Reine, confolez-vous; votre foi &
» votre pureté vous ont tiffu une belle
» couronne qui vous eft réfervée dans
» le Ciel ».

Le jour fuivant Olibrius fit comparoître la Sainte en public. Reine n'ayant rien perdu de fa fermeté, fe munit comme la premiere fois, du figne de notre falut, quand elle entra dans le Prétoire. Le Juge la croyoit à demi-morte; mais quelle fut fa furprife, lorfqu'il la vit plus belle que jamais, & fans aucun veftige de plaies ? il ne fçut que penfer d'un prodige fi rare. Sa premiere idée le porta à croire que cette guérifon miraculeufe étoit la fuite d'une opération magique : enfuite il l'attribua à la bonté de ses Dieux, qui vouloient lui conserver cette jeune beauté, en récompense du zéle qu'il avoit témoigné pour leurs autels. D'après ces faux principes, le Préfet recommença ses caresses; mais notre Vierge, comme si son amour lui eût fait plus de mal que sa cruauté, lui reprocha de nouveau son idolâtrie.

Reine prononça elle-même l'arrêt de sa condamnation : elle savoit bien que cette innocente liberté de parler lui coûteroit la vie. En effet le Tyran, piqué de ces reproches, la fit attacher à deux poteaux, en forme de croix, comme on la voit peinte dans les anciennes images de l'Abbaye de Flavigny, & lui fit brûler les côtés avec des torches ardentes. La Sainte, plus contente en cette situation, que si on l'eût fait asseoir sur le trône des Césars, remercioit son bon Maître de ce qu'il lui faisoit porter les livrées de sa croix. Olibrius s'appercevant qu'elle avoit une espece de satisfaction dans ce genre de supplice, quoiqu'il fût plus aigu que tous les autres, la fit détacher. Le Lecteur s'attend peut-être qu'on va la laisser respirer un peu. Point du tout. Par le commandement de ce barbare, on jetta Reine pieds & mains liés dans une grande cuve d'eau froide & infecte, afin que passant d'une extrémité à l'autre, ses douleurs fussent plus aiguës; mais son cœur plein de l'amour divin, brûloit encore au milieu des eaux.

Ce nouveau tourment ne servit qu'à couronner la patience de notre jeune Martyre. Les spectateurs émus ne concevoient pas que la constance chrétienne pût aller jusques-là: plusieurs miracles dont ils furent témoins, augmenterent leur étonnement & leur pitié; car au moment qu'elle fut plongée dans cette cuve, l'eau devint claire & nette, Reine se trouva débarrassée de ses liens. La même colombe qu'elle avoit vue dans la prison, lui apparut encore, avec la couronne de gloire, qui alloit être la récompense de sa foi. Ces miracles opérerent la conversion d'un grand nombre de personnes de l'un & de l'autre sexe (*a*). Toutes confesserent hautement qu'elles ne reconnoissoient qu'un seul Dieu, celui de Reine, & qu'elles renonçoient aux idoles.

Le Tyran épouvanté de ce tumulte, saisi de ces prodiges; pour empêcher une sédition, condamna Reine à avoir la tête tranchée, au lieu destiné pour l'exécution des criminels. La Sainte regarda ce lieu plutôt comme le théatre de sa gloire que comme l'échafaud de son supplice. Elle pria pour ses juges, pour ses bourreaux, pour ses compatriotes, & les exhorta tous à suivre la foi de Jesus-Christ. Cette célebre Martyre tendit ensuite le col au bourreau, dans un transport de joie inexprimable. Au lieu où la tête tomba, il en rejaillit une fontaine miraculeuse, qui est encore aujourd'hui la source féconde d'une infinité de guérisons.

Voilà comme ce bel Astre qui avoit éclairé le pays d'Auxois des rayons de la

---

(*a*) Manuscrit de Flavigny.

foi, s'éclipsa le septieme jour de Septembre (*a*). C'est la principale Fête de Sainte Reine. Les Chrétiens craignant la fureur du Tyran, ne purent rendre tous les devoirs de piété à ce Corps saint. Ils l'enterrerent le plus secrétement qu'il leur fut possible, au même lieu de son martyre, où l'on voit aujourd'hui sa Chapelle. On mit auprès du cercueil la chaîne de fer qui avoit servi à son supplice. Les persécutions qui désolerent l'Eglise depuis ce siecle d'airain jusqu'au siecle d'or du grand Constantin, furent si violentes, qu'un grand nombre de Chrétiens d'Alise furent immolés à la rage des Tyrans. Théophile, nourricier de la Sainte, fut martyrisé le 9 Septembre de l'année 254. Les précieuses dépouilles de Sainte Reine demeurerent cachées, comme le feu sacré du temple dans le puits des Machabées, jusqu'à ce que le Ciel en fît lui-même la découverte par une révélation si authentique, qu'on en solemnise

---

(*a*) Génebrard, Bénédictin.

tous les ans une Fête particuliere le 13 Juillet, tant à Alife qu'à Flavigny.

CHAPITRE II.

Méthode pour faciliter aux Pélerins de Sainte Reine les moyens de se bien confesser.

AVANT toutes choses, les Pélerins se mettront en la présence de Dieu, demanderont au S. Esprit ses lumieres pour bien sonder les plis & les replis de leur conscience, & la grace de concevoir une véritable douleur de leurs péchés ; *Plangere perpetrata , & plangenda non perpetrare.* " Mon Dieu, pourront-ils dire, éclairez-nous des rayons de votre grace, pour reconnoître tous nos péchés, les confesser & les pleurer ".

Les Pélerins s'examineront ensuite sur cinq chefs capitaux qui regardent Dieu, les Supérieurs, la Religion, le Prochain & eux-mêmes. En se confessant, ils suivront par ordre ces cinq points, pour soulager leur mémoire. Enfin ils porteront un œil attentif sur leurs pensées, leurs desirs, leurs actions, leurs omissions.

Après cet examen, ils feront un acte de contrition. Cette contrition peut être excitée par trois motifs principaux ; Le premier, ce sont les graces reçues, tant les communes que les particulieres : par exemple, la création, la conservation, la rédemption, la vocation au christianisme : Le second, c'est l'ingratitude monstrueuse d'un Chrétien qui abuse des graces de Dieu, & qui, bien-loin d'en profiter, ne s'en sert que pour l'offenser davantage : Le troisieme, ce sont les adorables perfections de Dieu, qui le rendent infiniment aimable, & nous obligent de l'aimer de tout notre cœur, de toute notre ame, de toutes nos forces.

La Contrition est une partie essentielle du Sacrement de Pénitence, sans laquelle on ne peut avoir la rémission des péchés. Ainsi avant de se jeter aux genoux du Prêtre, les Pélerins s'exciteront à cette véritable Contrition ; ils formeront un ferme propos de ne plus offenser Dieu, avec le secours de sa grace. Etant bien disposés, ils se présenteront au confessionnal. Après avoir fait le signe de la Croix, ils diront : *Bénissez-moi, mon Père, parce que j'ai péché.* Ensuite ils réciteront le *Confiteor* jusqu'à *meâ culpâ*, & commenceront leur confession en la maniere suivante.

Depuis ma derniere confession que j'ai faite tel jour, j'ai manqué de m'accuser de tel péché, ou volontairement, ou par oubli, ou par défaut d'examen.

Le pénitent déclarera les autres péchés, 1°. avec une humilité intérieure & extérieure ; 2°. avec clarté, en gardant un petit intervalle ou respiration entre chaque péché, afin que le Confesseur puisse mieux comprendre ce qu'on dit, & interroger, s'il est nécessaire : 3°. avec prudence, sans découvrir les complices de ces péchés, s'il y en a : 4°. avec sincérité, sans les pallier ni les déguiser, ni les excuser, en rejettant, par exemple, une faute sur la mauvaise humeur des autres, sur la violence de la tentation, sur les accès du tempérament : 5°. avec poids &

mesure, en déclarant le nombre, les circonstances & les especes de tous les péchés, soit mortels, soit véniels. Si on ne peut pas se souvenir au juste du nombre de ces péchés, après avoir fait les derniers efforts pour en rafraîchir la mémoire, on dira celui qu'on croira en approcher le plus, en ajoutant ces mots, *plus ou moins*. Le pénitent spécifiera aussi les circonstances qui changent l'espece du péché, qui l'augmentent ou la diminuent : par exemple, si c'est par habitude, par malice, par mépris, par réflexion, par inadvertence, ou par négligence.

Il y a sept sortes de circonstances qui changent l'espece du péché : elles sont comprises dans le vers suivans : *Quis, quid, ubi, quibus auxiliis, cur, quomodo, quando.*

Quis, marque la personne qui se confesse, un Laïque, un Prêtre, un Religieux, &c. c'est sur-tout dans les péchés d'impureté que le pénitent doit faire connoître sa qualité, son caractere, &c. S'il est Religieux, s'il est dans les Ordres sacrés; car cela change entiérement l'espece du péché, & le rend un sacrilége d'autant plus énorme, que l'Ordre est plus rele é.

Quid, désigne la matiere du péché, & la personne qui en est l'objet. Par exemple : quelles injures avez-vous dites ? est-ce à un Prêtre, à une Mere, à un Supérieur ? &c.

Ubi : Quand il s'agit du larcin, d'impureté, &c. il faut dire si c'est dans un lieu saint que l'on a commis ces sortes de péchés, parce que cette sorte de circonstance en fait un sacrilége : si c'est en présence d'autres qui en auroient pu être scandalisés, il faudra ajouter combien il y en avoit, quelles personnes on a porté au péché, en faisant connoître leur caractere, leur qualité, sans les nommer.

Quibus auxiliis : quels moyens l'on a employé pour venir à bout de son dessein ? Si l'on s'est servi de ses amis, de ses serviteurs, &c.

Cur : pourquoi, par exemple, l'on a menti ? étoit-ce par légereté, pour s'excuser ? Pourquoi l'on a médit de son prochain ? étoit-ce pour entamer, flétrir sa réputation ?

Quomodo: comment a-t-on fait cette action ? a-t-on excité les autres ? ne leur a-t-on pas appris le mal qu'ils ignoroient ? ne leur a-t-on pas inspiré des sentimens relâchés, pour les éloigner de leurs devoirs ? s'en sont-ils en effet écartés ?

Quando: étoit-ce un jour de fête ? étoit-ce pendant la messe d'obligation ?

Outre l'examen de toutes ces circonstances, les Pélerins feront encore réflexion sur les péchés dont ils auront été la cause ou les complices, & dont par conséquent ils sont coupables.

Par exemple, en conseillant le péché, en le commandant, en le provoquant, en le louant, en ne le révélant pas, en ne le punissant pas ou en le favorisant. Ils auront enfin attention à s'examiner sur les devoirs de leur profession, & à déclarer les fautes qu'ils ont commises dans la profession qu'ils exercent.

Lorsque le pénitent aura fait une accusation particuliere de ses dernieres fautes, il fera une accusation générale de toutes les fautes de sa vie, soit vénielles, soit mortelles, depuis l'usage de sa raison, contre les vœux de son Baptême, contre les Commandemens de Dieu & de l'Eglise. Il s'accusera de toutes les confessions mal faites, soit par défaut d'examen, soit par défaut de contrition, soit pour avoir caché ses péchés par honte, soit pour n'en avoir pas bien déclaré le nombre & les circonstances : Il s'accusera de toutes ses Communions indignes, tiédes ou sacriléges, de toutes ses indévotions, distractions, irrévérences, scandales, vengeances ou mauvais exemples qu'il aura pu donner, de toutes les fautes dont il ne s'est pas accusé, ou qu'il a oubliées par sa lâcheté, ou pour lesquelles il n'a pas satisfait ni à son Dieu, ni à son prochain. Enfin il s'accusera d'avoir mal accompli les pénitences qu'on lui a enjointes, de tous les mouvemens d'impatience qu'il a eus, de la résistance qu'il a apportée aux touches de la grace, de la perte du temps, de son penchant criminel pour les mon-

danités. « De tous ces péchés, dira-t-il,
» & de ceux dont je ne me souviens pas,
» j'en demande pardon à Dieu, & à vous,
» mon Pere, pénitence & abfolution ».

Le Pélerin fe frappera alors trois fois la poitrine, en difant : *mea culpâ* ; & il achevera le *Confiteor*. Il écoutera enfuite avec foumiffion les avis du Confeffeur, & recevra de lui avec docilité la pénitence qui lui fera impofée. Quand le Prêtre prononcera les paroles de l'abfolution, le pénitent renouvellera un acte de Contrition. il ne différera pas d'accomplir fa pénitence, & l'offrira à Dieu, en union des fouffrances de fon Fils, & du martyre de Sainte Reine.

Quand on s'eft confeffé de quelque péché qui oblige à une réparation envers le prochain, il faut s'en acquitter au plutôt, fi on ne l'a pas faite avant la confeffion, comme on y étoit obligé. Soit donc que l'on ait fait tort à fon prochain, ou en fes biens ou en fon honneur, il faut le réparer : *Non dimittitur peccatum, nifi reftituatur ablatum*.

Quand on a offensé quelqu'un, soit par malice, soit par imprudence, il ne suffit pas de le voir, pour lui demander simplement s'il est encore fâché, ou pour lui dire qu'il ne devoit pas se fâcher; car c'est l'outrager de nouveau, loin de lui faire une satisfaction. Il ne suffit pas non plus de le prévenir adroitement, pour lui faire offre de service, lui donner quelque marque d'estime, sans lui parler de l'injure qu'on lui a faite : ce n'est pas là proprement reconnoître sa faute ; c'est seulement lui rendre les devoirs de charité que nous nous rendons les uns aux autres, selon le précepte de l'Apôtre: *honore invicem prævenientes*. Quand on a outragé quelqu'un ouvertement, il faut lui faire ouvertement une satisfaction proportionnée à l'injure qu'il a reçue, le prier en termes formels de la pardonner, & l'assurer qu'on ne lui donnera plus aucun sujet de mécontentement. C'est le seul moyen de calmer son esprit ; mais quand on n'est pas bien assuré si le prochain aura remarqué quelque parole indiscrete, ou quelque légere raillerie, il ne faut lui demander pardon que d'une maniere négative, en lui marquant par quelque civilité qu'on a pour lui une estime distinguée : la raison est que si on lui demandoit pardon pour une chose si légere, ce seroit lui donner occasion de s'offenser davantage. Il pourroit croire qu'on le regarde comme un petit esprit, capable de se choquer pour une bagatelle. En tout ceci, c'est la charité qui doit nous servir de boussole: nous ne devons jamais perdre de vue ces paroles de Jesus-Christ : *Si offers munus tuum ad altare, & ibi recordatus fueris, quia frater tuus habet aliquid adversùm te ; relinque ibi munus tuum ante altare, & vade priùs reconciliari fratri tuo ; tunc veniens offeres munus tuum.*

AMENDE HONORABLE des Pélerins.

O mon Jesus! pénétré de la confusion où me jettent mes ingratitudes continuelles envers vous, je me prosterne devant votre Majesté pour vous en demander pardon. Je déteste à vos pieds toutes mes rechûtes & mes révoltes. Ah! que je suis coupable de ne répondre à votre amour si tendre que par l'insensibilité la plus dure ! desirant avoir désormais sous les yeux les ineffables bienfaits de votre immense charité, j'implore la toute-puissance de votre grace : excitez en moi ses impulsions salutaires, pour que je puisse réparer mes torts par le renouvellement de ma vie. Ne souffrez pas que je résiste davantage à ses attraits. Terrassez-moi, comme vous avez terrassé autrefois S. Paul ; triomphez de la rébellion de ma volonté. Echauffez mon ame de vos feux divins, pour que j'en sois embrasé jusqu'au dernier soupir. Qu'aucun des Pélerins qui sont ici présens, ne s'en retourne chez soi, sans avoir fait aux genoux de Sainte Reine, une ferme résolution de vous aimer comme elle, jusqu'à l'effusion de son sang. C'est la priere que je vous fais, ô mon doux Jesus, dans toute l'humiliation possible, en vous demandant de plus votre sainte bénédiction, pour que je m'approche dignement de la sainte Table.

CHAPITRE III.

CHAPITRE III.

ORAISONS JACULATOIRES
Pour la Communion des Pélerins.

PREMIERE ORAISON DES PÉLERINS,

Lorsqu'ils arriveront à l'Abbaye de Flavigny devant la Châsse de Sainte Reine.

Vierge sainte! que je suis heureux d'être arrivé au sanctuaire où reposent vos précieuses Reliques, & où tant de miracles se font tous les jours! me voilà au port fortuné de mes espérances. Regardez, s'il vous plaît en pitié, un pécheur qui réclame votre intercession. Je l'avoue devant votre tombeau, je suis infirme, tant au corps qu'à l'ame; je ne puis avoir guérison que par la grace de Jesus-Christ. Puissé-je par votre moyen recevoir la santé de l'un & de l'autre! Secourez-moi, bienheureuse Reine, je vous en supplie à mains jointes, afin que j'arrive un jour, comme vous, au séjour des Anges.

I I.

O glorieuſe Martyre ! ſouffrirez-vous qu'une miſérable Créature, humiliée dans le plus profond de ſon néant, oſe lever les yeux au Ciel pour invoquer votre appui ? Si vous conſidérez mes imperfections, & l'intervalle immenſe qu'il y a entre vous & moi, je ne dois attendre que beaucoup de rigueur. Je rougis à la vue de mes forfaits; mais l'aveu que j'en fais vous engagera peut-être d'en ſolliciter le pardon, plutôt que d'en pourſuivre le châtiment. Exercez donc votre très-grande protection ſur ma très-grande miſere. Par ces chaînes qui vous attacherent avec tant de cruauté, délivrez-moi des liens du vice dont je ſuis captif depuis tant de temps. Par ces tourmens inouis qui ont affligé votre corps virginal, adouciſſez ceux que je ſouffre; ou ſi le Seigneur deſire que mes peines continuent, offrez-les-lui pour ſa gloire, pour votre honneur & pour mon avantage. Par cette colombe que vous vîtes au haut de la

Croix, priez le S. Esprit qu'il descende en moi, comme il descendit autrefois sous ce symbole sur les Apôtres. J'attends de votre compassion, ô pure Vierge, l'effet de mes oraisons dans cette vallée de larmes, & l'accomplissement de tous mes desirs dans le Royaume des Cieux, où vous régnez avec le Roi des Rois.

III.

Doux Jesus qui avez triomphé des délices du monde, de la barbarie des Tyrans, de la rigueur de la mort, en la personne de Sainte Reine ; faites-moi la grace par sa médiation, de résister aux amorces séduisantes du plaisir mondain, de surmonter les déplaisirs de l'adversité, & de trouver dans son invocation un remede efficace à toutes mes infirmités corporelles & spirituelles.

IV.

Dieu d'Abraham, d'Isaac & de Jacob, qui vous servez des instrumens les plus foibles pour abattre les plus forts, qui avez choisi Sainte Reine, la plus délicate de vos créatures, pour vaincre la rage des bourreaux les plus sanguinaires ; inspirez à tous ceux qui honorent sa mémoire, un zele ardent pour la foi, afin qu'ils la scellent comme elle de leur sang.

V.
Acte de Foi.

Roi du Ciel & de la Terre, je crois de cœur & d'esprit tous les articles de foi que vous avez révélés à votre Eglise : je suis prêt à observer tout ce qu'elle m'ordonne en votre nom, parce que vous lui avez donné le soin de me conduire ; & qu'étant conduite elle-même par votre divin Esprit, elle ne peut rien m'enseigner que de vrai. Aidez ma foi, mon Dieu, augmentez-la ; car, selon S. Jacques, la foi sans les œuvres est une foi morte : c'est par les œuvres seules que je puis vous prouver mon amour. Les lumieres dont je pourrois être éclairé, tourneroient à ma perte, si je négligeois d'y conformer ma conduite. Que ne puis-je donc, à l'exemple de Sainte Reine, donner ma vie pour la défense de la Religion, dans laquelle vous m'avez fait naître préférablement à tant d'autres qui la méconnoissent encore aujourd'hui, ou qui l'abandonnent, soit par les erreurs, qu'ils sément, soit par esprit de libertinage! Je vous remercie, ô bon Dieu, de l'attachement que vous m'avez donné à vos saintes maximes; faites-moi la grace d'en remplir tous les devoirs, afin de jouir un jour dans la compagnie de Sainte Reine, du bonheur promis à ceux qui, comme elle, auront persévéré dans votre amour.

ORAISONS

Pendant la célébration de la sainte Messe.

I.

A l'Introïte de la Messe, qui précede la Communion.

JE suis à vos pieds, mon doux Sauveur, dans le dessein de profiter du sacrifice que vous avez offert pour moi sur la croix, & que vous allez renouveller sur l'autel. La participation de votre chair & de votre sang adorable à laquelle je me prépare, occupera plus que jamais mon cœur. Faites-moi comprendre, ô mon divin Maître, toute l'étendue des bienfaits dont vous allez me combler. Votre amour seul les perpétue en faveur des hommes. Délivrez-moi de toutes les pensées étrangeres & profanes qui partageroient mon attention. Inspirez-moi la confiance d'aller au tabernacle que vous avez choisi parmi nous. Suppléez à la disproportion qu'il y a entre votre Majesté suprême, & la bassesse la plus abjecte de vos créatures. Oui je le confesse, c'est par ma faute que j'ai violé votre loi. Tout indigne que je suis d'obtenir mon pardon, je vous le demande de nouveau par l'entremise de Sainte Reine, dont les cendres reposent sur cet autel. Vous trouverez vos propres richesses dans ses mérites que je réclame ici.

I I.

Aux Kyrie, Gloria in excelsis, & aux Oraisons.

Pere de toute consolation, ranimez dans mon cœur toutes les vertus qui peuvent vous y attirer. Puissent-elles vous en préparer l'entrée, à vous qui cachez votre immensité sous de foibles apparences pour vous donner à moi! accordez-moi cette paix que les Anges annoncerent à la terre dans votre naissance; vous êtes prêt de renaître sur cet autel & dans mon ame. Remplissez-moi de cette bonne volonté qui m'attache irrévocablement à votre loi, & qui ne soit plus sujette à ces instabilités honteuses dont tant de fois mes promesses ont été suivies. O mon Roi, présentez au Pere céleste mes besoins & mes vœux. Employez auprès de lui cette étendue de puissance que vous avez comme son Fils, pour que votre divin Esprit se répande en moi, & que la Sainte Trinité y trouve un sanctuaire digne de ses complaisances. Je vous demande ces graces par l'intercession de Sainte Reine que votre Eglife honore fpécialement en ce jour. Puiffent mes difpofitions à la Communion égaler celles que cette Sainte y apporteroit elle-même !

III.

A l'Epître.

Ce font vos Prophetes, ô mon Rédempteur, ou vos Apôtres qui m'inftruifent en ce moment. Vous les avez infpirés. Quelle docilité ne dois-je pas à leurs leçons! Les premiers ont tracé la figure & l'ombre du grand myftere qui s'opere fur nos autels; les feconds montrent la réalité de fon accompliffement. Tous me rappellent à la vénération qui vous eft due, ô mon Dieu; car toutes les inftructions que vous m'expofez dans l'Ecriture-Sainte, me donnent une haute idée de votre grandeur, fans exclure pourtant cette bonté miféricordieufe qui nous invite à arrofer vos pieds de nos larmes. Tel eft le terme où aboutiffent les formidables images fous lefquelles vous dépeignez votre conduite à l'égard des pécheurs : vous ne laiffez échapper ces voix de terreur que pour nous rapprocher de vous. C'est la conséquence que je dois tirer des leçons de crainte que m'offre la foi, lorsque je me dispose à vous recevoir. La foi m'ordonne, sous peine de mort, d'affranchir ma conscience de tout péché; mais aussi elle ne me laisse point ignorer ce que vous me présentez de graces pour cet important ouvrage, & je n'ignore pas ce que je puis me promettre de la protection de Sainte Reine.

IV.

A l'Evangile.

C'est ici, mon doux Maître, le dépôt de votre morale & de vos exemples. Oui c'est vous-même qui daignez me parler par vos œuvres surnaturelles autant que par vos sublimes instructions. Puissent ces divins oracles passer dans mon cœur! c'est ce que me rappellent les cérémonies qu'on observe avant la lecture de l'Evangile. Le Prêtre fait d'abord le signe de la croix sur le texte sacré qu'il va réciter, pour avertir le peuple que la vie, la morale,

B v

les merveilles d'un Dieu crucifié y sont contenues. Nous imprimons ensuite comme lui, cet admirable signe sur notre front, pour apprendre à ne point rougir de notre Religion ; sur notre bouche, pour la professer hautement ; sur notre cœur, pour l'y conserver avec soin. Voilà les fruits que doivent produire en moi les célestes maximes que vous m'avez enseignées, ô mon Dieu ; celles qui m'instruisent des trésors attachés à la participation de votre corps & de votre sang, doivent sur-tout intéresser en cet instant toute ma foi. Je les crois ces vérités qui m'enseignent que vous êtes réellement présent dans l'Eucharistie. Sainte Reine les a scellées de son sang. Donnez-moi par son intercession, la pureté que vous exigez de ceux qui vous approchent, & serrez les liens qui m'uniront à vous, & vous uniront à moi.

V.

Au Credo.

Je déclare, ô mon Créateur, à la face de vos autels, en présence de Sainte Reine, que je suis entiérement soumis à tous les dogmes renfermés dans le Symbole des Apôtres. Je révere votre toute-puissance qui s'est déployée principalement dans la création de l'univers. Vous allez encore m'en offrir un nouvel effet, en changeant l'ordre de la nature, pour substituer à des élémens matériels le Corps & le Sang de votre Fils. Je crois tout ce que la foi m'annonce de ce Fils adorable, engendré de vous avant tous les siecles, & qui n'a point été créé ; vrai Dieu qui a fait toutes choses. C'est pour notre salut qu'il est descendu des cieux ; que par l'opération du S. Esprit, il a pris dans le sein de la Vierge Marie un corps semblable au nôtre ; je crois encore qu'il est mort pour nous, qu'il est ressuscité, qu'il est monté au ciel, qu'il est assis à votre droite ; & qu'il viendra un jour juger les vivans & les morts. Je crois aussi au S. Esprit, qui procede du Pere & du Fils, & qui a inspiré tous les Prophêtes dans les connoissances qu'ils nous ont transmises. Je crois que l'Eglise est Une, Sainte, Catholique,

Apostolique & Romaine, & que hors l'Eglise il n'y a point de salut. Je confesse pareillement qu'on ne peut obtenir la rémission des péchés qu'en vertu du saint Baptême, qui nous éleve aux prérogatives de vos enfans & de ceux de votre Eglise. Enfin le fondement de tout ce que je fais profession de croire, c'est votre résurrection, divin Rédempteur ; c'est ce qui me fait espérer la mienne, pour le jour où tous les hommes sortis de leurs tombeaux, paroîtront de nouveau à votre tribunal, après y avoir été cités à l'heure de leur mort. Puisse le Pain de vie à la réception duquel je me dispose sous les ailes de Sainte Reine, me rendre alors mon juge favorable, & me servir dès à présent d'un gage anticipé des biens que j'attends dans le siecle à venir !

VI.

A l'Offertoire.

Agréez, doux Jesus, l'offrande que je vous fais avec le Prêtre : elle représente d'abord les victimes matérielles qu'on vous immoloit dans l'ancienne Loi ; mais elles figurent encore plus parfaitement l'état d'immolation où vous parûtes fur la croix, & où vous allez vous réduire fur l'autel, pour vous donner enfuite à moi fous ces efpeces inanimées que je vous préfente, & où vous placerez à la parole du Miniftre, votre Corps & votre Sang. Acceptez ces prémices, comme le premier de tous les fentimens de converfion que je vais former. Je vous confacre en cette minute, mon efprit, mon cœur, mes fens, tout moi-même, à l'imitation de Sainte Reine, qui s'eft vouée toute entiere à la manifeftation de votre gloire.

VII.
A la Préface.

Rien ne m'occupera déformais fur la terre, grand Dieu : je porte mes regards vers le trône que vous habitez, & d'où vous êtes prêt de me communiquer le plus précieux de tous les dons, votre Fils unique, ce cher objet de vos complaifances. Je m'abîme dans la vue de mon néant, quand je le rapproche de cette fublime grandeur à laquelle vous m'éleverez, en choisissant mon cœur pour votre demeure. Vos Anges ne jouissent pas d'un pareil avantage ; l'homme seul a ce privilége. Voilà jusqu'où vous l'aimez. O Pere céleste : vous lui avez donné votre Fils pour sa rançon au Calvaire ; vous le lui donnez encore pour sa nourriture dans l'Euchâristie. Esprits bienheureux qui environnez le trône de Dieu, suppléez par vos adorations à celles que je dois à ce Dieu trois fois Saint. O Reine, protectrice des Pélerins, présentez mes hommages à ce bienfaiteur suprême.

VIII.

Au Canon de la Messe.

Dieu de miséricorde, qui ne cessez de me témoigner votre amour paternel, je vous conjure par les mérites de votre Fils adorable & de Sainte Reine d'Alise, de m'accorder la grace dont j'ai besoin pour m'approcher de la Communion. Avec les intérêts personnels de mon salut, je vous recommande les intérêts de tous ceux qui font aggrégés à la Confrérie de Sainte Reine, hommes, femmes, préfens & éloignés, de quelque état & condition qu'ils puiffent être; faites qu'ils profitent des tréfors qui leur font offerts dans ce Sacrifice de votre toute-puiffance, & qu'ils y participent eux-mêmes chaque fois qu'ils en approchent avec cet efprit d'amour dont je defire ardemment d'être pénétré aujourd'hui. Sainte Vierge, mere du Sauveur que je me difpofe à recevoir, demandez pour moi quelque communication des vertus qui ornoient votre ame, lorfque vous portiez Jefus dans vos chaftes flancs. Voici l'inftant où la victime defcendra fur l'autel, où les fubftances terreftres deviendront, ô mon Dieu, le corps même & le fang de votre Fils. Je recueille déja tous mes fentimens, je ranime tous mes defirs; le prodige eft prêt de s'opérer, il s'opere : Jefus-Chrift eft réellement fur l'autel en corps, en fang, en ame, en divinité.

I X.

A l'Elévation.

Quel miracle, mon bon Jesus! votre divinité & votre humanité sont ici réunies par le plus merveilleux assemblage. Vous êtes tel que Marie vous a conçu, & qu'elle vous a vu naître, tel que les Mages vous ont révéré dans la crêche, & que les Docteurs vous ont admiré au Temple; tel que vous avez instruit les hommes dans votre mission; tel que vous êtes mort sur le Calvaire; tel que vous êtes sorti de votre sépulchre; tel que vous êtes monté aux cieux, tel que les Anges vous y honorent; tel que vous en descendrez un jour pour nous juger. Je m'anéantis à la vue de tant de merveilles que vous faites éclater en faveur des hommes. Ah! le Dieu de toute majesté se dépouille pour moi de toute sa grandeur; celui que les Cieux ne peuvent contenir, se renferme pour moi dans un court espace. Le Roi des Rois quitte toute sa splendeur pour se cacher sous de viles espéces. O amour!

ô charité! ô toute-puissance la plus libérale! chair & sang de mon Dieu, principes de toutes les graces, source de toutes les vertus, transformez-moi d'avance en vous ; faites passer dans mon cœur les premieres impressions de votre ineffable présence sur l'autel. Détruisez tout ce qu'il y a de terrestre dans mes affections ; dépouillez-moi du vieil homme ; revêtissez-moi du nouveau. Sanctifiez toutes les puissances de mon ame, à la priere de Sainte Reine ma protectrice, & préparez-les à goûter l'excellence de la faveur dont vous allez m'honorer.

X.

Au Memento *des Morts.*

O Pere céleste, je vous offre cette sainte Hostie qui s'immole ici à votre gloire. Quelle voix plus puissante en ma faveur! Pourriez-vous ne pas regarder l'oblation que je vous fais de votre propre Fils pour les besoins de mes Confreres & Consœurs, d'un œil aussi propice que vous regardâtes autrefois le Sacrifice du fidele Abraham

& du Grand-Prêtre Melchifédech ! Senfible à une médiation fi efficace, vous m'exaucerez. Sainte Reine portera jufqu'à votre trône les vœux que je forme pour les ames de mes Confreres & Confœurs qui font morts depuis l'érection de cette Confrérie. Hâtez la délivrance de leurs peines dans le Purgatoire, & la poffeffion de la félicité qu'ils attendent dans le Ciel.

X I.

Au Pater.

Plus les biens que je vous demande, mon Jefus, font fublimes, plus auffi je fens le befoin des conditions néceffaires pour les mériter. La plus effentielle pour moi eft une humble priere. Vous vous êtes engagé à ne rien refufer aux hommages de confiance que nous vous adrefferions. En peut-il être de plus efficace auprès de vous, que ceux mêmes dont vous nous avez tracé la méthode ? J'ofe donc vous dire : Notre Pere, qui êtes dans les cieux, & qui venez d'en defcendre fur cet autel, daignez écouter les vœux d'un enfant qui vous invoque dans fa mifere; que votre nom foit fanctifié chez mes Confreres & mes Confœurs. Régnez au milieu de nous par les dons de votre préfence Euchariftique, & par la communication de vos éternelles récompenfes. Nous n'aurons point d'autre volonté que la vôtre. Le pain que je follicite n'eft pas cet aliment groffier qui entretient la vie du corps. Je foupire après un pain plus pur, plus vivifiant, plus capable de me foutenir dans mon pélerinage, votre Corps facré. Ne tardez donc pas, ô pain de vie, à fatisfaire mon ardeur. Fortifiez-moi pour toujours contre les ennemis vifibles & invifibles de mon falut. Faites que je forte de ce banquet célefte, tel qu'en fortiroit Sainte Reine elle-même, redoutable à l'Enfer, & prêt à tout facrifier pour la conquête du Ciel.

XII.

A l'Agnus Dei.

Je vous adore, divin Jefus, fous ces traits de douceur que votre faint Précurfeur employa autrefois pour manifefter votre mission salutaire, comme l'Agneau qui s'est immolé pour nos péchés. Trois fois je réitere avec le Prêtre ce témoignage de ma vénération. Je vous révere dès votre entrée au monde, avec tous les dehors d'un agneau qui ne se fait reconnoître qu'aux charmes de sa douceur : je vous contemple ensuite dans l'état de souffrances où vous avez retracé toute la patience d'un agneau qui se laisse égorger, sans pousser aucun cri. Je vous envisage enfin dans votre gloire, comme l'Agneau dominateur du Ciel & de la Terre, environné de vos Anges & des Vierges qui, comme Sainte Reine, sont appellés par préférence au privilege de composer votre Cour. Ces divers regards, Seigneur, animent ma reconnoissance aux approches de votre Table sainte. Je ne suis qu'un pécheur ; mais vous êtes l'Agneau qui ôtez les péchés du monde. Je ne suis qu'un pécheur ; mais vous vous êtes sacrifié sur la croix pour mon salut, & vous vous offrez encore sur l'autel, comme une hostie empressée de me communiquer les fruits de son immolation. Je ne suis qu'un pécheur ; mais le sang de l'Agneau m'a ouvert le Ciel.

XIII.
A la Communion du Prêtre.

Le mystere de votre sacrifice, céleste Victime, se consomme de la part de votre ministre : aux approches de la même faveur, j'emprunte ces paroles de votre Eglise : *Domine, non sum dignus*, &c. Eloignez d'abord de moi, je vous en conjure, ces troubles que pourroit y exciter une crainte injurieuse à votre amour ; dissipez les orages qui s'éleveroient au fond de mon ame. Répandez-y ensuite cette sérénité que fait naître l'attente d'un bonheur ineffable. O vous, Fils du Dieu vivant, qui avez par votre mort rendu la vie au monde, délivrez-moi de toutes mes iniquités, & des châtimens qu'elles méritent. Je redouterois votre jugement, si vous ne daigniez vous-même me rassurer, en me disant ce que vous disiez à vos Disciples : *Ego sum, nolite timere* : C'est moi, ne craignez point. C'est moi, votre Pere. J'approcherai donc de vous, ô mon Sauveur, avec confiance. Je ne suis pas digne de vous recevoir ; mais à la priere de Sainte Reine, vous embraserez mon cœur de vos divines flammes. Vous consumerez tout ce qui y seroit encore sensuel. Soyez guéri, me direz-vous, comme au Lépreux : *Volo, mundare* ; je le veux : & d'après cette parole de miséricorde, mon ame jouira à l'instant d'une parfaite guérison. Voilà ce que doit produire en moi la Communion. Quelque peu digne que je sois de m'y présenter, j'ose pourtant y paroître. Puissé-je n'y pas recevoir ma condamnation, mais plutôt en retirer tous les préservatifs qui peuvent vous conserver l'entiere possession de mon cœur !

XIV.

Après la Communion & à la fin de la Messe.

O mon bien aimé, me voilà donc uni à vous par les nœuds les plus intimes. Je ne suis plus qu'une même substance avec vous : vous êtes dans moi, je suis dans vous. Mon ame est votre sanctuaire, votre autel, le trône de vos grandeurs. O faveurs que je ne puis assez sensiblement réconnoître ! ô charité que je ne puis assez humblement admirer ! ô libéralité que je ne puis assez dignement célébrer ! enviez mon bonheur, célestes Intelligences. C'est votre Fils unique & chéri que je viens de recevoir, ô Pere des miséricordes, ce Verbe qui étoit en vous dès le commencement, & qui, comme vous, étoit Dieu de toute éternité; la lumiere des hommes qui a répandu sa clarté dans les ténebres, & que les ténebres ont écartée. Le monde n'a point connu cette lumiere qui venoit pour l'éclairer : cet Homme-Dieu a paru dans son héritage; il a été méconnu des siens : mais un peuple plus docile l'a reçu, & il est devenu sa portion choisie. Ce peuple est entré dans toutes les prérogatives de ses véritables enfans. C'est le privilége, ô bon Jesus, auquel vous venez de m'élever, en vous unissant à moi. Par votre grace, j'ai commencé à observer votre loi ; mais je fuis réfolu d'y être encore plus fidele : je renonce à tout ce qui porteroit dans mon ame la plus légere empreinte de fes révoltes contre vous. Eclairez, divine lumiere, les plus obfcurs réduits de mon ame. Echauffez-la de vos ardeurs : ô Verbe fait chair qui habitez dans moi, vivez à jamais dans moi. O ma Patrone, ô ma Reine, joignez-vous à moi, pour obtenir de Dieu les graces relatives à la confervation d'un tréfor fi précieux.

XV.

Adieux que les Pélerins doivent faire à la Châffe de Sainte Reine.

O glorieux tombeau, vous confervez le corps vénérable d'une Vierge ; mais fon ame qui poffede les cieux pour demeure éternelle, attend la réfurrection générale, pour venir vous demander ce facré dépôt. J'honore fes précieufes Reliques, & je fouhaite qu'elles foient honorées de tout le monde. Je ne vivrai plus fans penfer à mon Créateur, qui m'a rendu

la

la vie de l'ame & la santé du corps, par l'intercession de Sainte Reine.

XVI.

En allant à Alise, devant les Croix.

Bon Dieu, je me prosterne au lieu où votre épouse Sainte Reine endura constamment les tourmens les plus affreux. Faites que les flambeaux qui brûlerent sa chair virginale, me soient autant d'étincelles d'amour pour arriver à vous, & que le sang qui a découlé de ses plaies, dispose mon cœur aux souffrances. N'ai-je pas sujet d'admirer les effets sensibles de l'amour que vous avez eu pour Sainte Reine? vous avez voulu que son martyre eût quelque ressemblance avec le vôtre. Vous avez permis qu'elle fût cruellement tourmentée sur une croix & à la même heure que vous. Unissez-moi à vos douleurs & aux siennes. Ne souffrez pas que les vains plaisirs du monde me détachent de vous ici-bas, afin que je vous sois attaché à jamais dans le séjour des élus.

C

XVII.

En arrivant à la fontaine d'Alife.

C'est ici, grand Dieu, où la glorieuse Reine a borné ses conquêtes. Elle n'eut rien plus à cœur que la conversion des ames : elle vous la demanda avant de mourir, en vous montrant son sang répandu pour vous, & vous pria de leur appliquer l'effusion du vôtre. Ecoutant encore le cri de ce sang innocent qui vous demande, non point la vengeance, mais le pardon de mes péchés : daignez amortir les feux vicieux que j'ai ressentis jusqu'à présent pour les créatures, afin que je sois consumé de votre amour par la grace en ce monde, & par la gloire en l'autre.

XVIII.

Avec quel respect dois-je visiter le lieu teint de votre sang, ô Sainte Reine, ce lieu où votre époux, pour prix de tant de travaux que vous avez soufferts pour lui, vous a enrichie de la couronne d'immortalité. Ah ! divin Jesus, faites-moi sentir l'effet de votre puissance qui éclate si souvent parmi les ondes de cette source miraculeuse. Vous êtes venu sur la terre pour sauver les pécheurs : il m'est permis de vous dire avec le Publicain : *propitius esto mihi peccatori* : Ayez pitié d'un pécheur tel que moi ; changez mon cœur. Je le voue dès-à-présent à votre service. Sainte Reine sera ma caution auprès de vous. Elle vous demande pour moi une nouvelle vie, en mourant au péché, & en vivant à la grace.

XIX.

En entrant aux bains.

Doux Sauveur, j'espere, moyennant votre secours, recevoir ici l'accomplissement de mes desirs : c'est ici où vous a été si agréable la constance d'une jeune Vierge, qu'en sa considération vous avez voulu laisser aux Fideles cette divine source, où quoique pécheur, j'ose espérer le rétablissement de ma santé, pour l'employer ensuite à votre service. Si c'est votre volonté que je souffre encore en punition de mes péchés, donnez-moi la force de supporter mes douleurs dans un esprit de pénitence, afin qu'étant purifié de toutes mes souillures, je puisse un jour, par les mérites de Sainte Reine, chanter éternellement avec elle vos miséricordes infinies. *Misericordias Domini in æternum cantabo*, &c.

LITANIES DE SAINTE REINE.

Seigneur, ayez pitié de nous,
Sauveur de nos ames, faites-nous miséricorde.
Seigneur, jettez sur nous un regard de pitié.
Jesus-Christ, écoutez-nous.
Rédempteur du monde, exaucez-nous.
Pere Eternel, qui avez prédestiné Sainte Reine à votre gloire, soulagez-nous.
Fils de Dieu, qui l'avez choisie pour votre épouse bien-aimée, guérissez-nous.
Esprit Saint, qui l'avez enrichie de vos dons & de vos graces, entendez-nous.
Sainte Trinité, qui en avez fait un chef-d'œuvre de patience & d'amour, secourez-nous.
Sainte Marie, Mere de Dieu, Reine des

Vierges & des Martyres, priez pour nous.

Sainte Reine, qui avez voué votre cœur à Dieu dès votre enfance, obtenez-nous la grace de consacrer le reste de nos jours à son service.

Sainte Reine, qui avez aimé la solitude, en préférant la campagne au grand monde, faites que notre cœur entende la voix de Dieu, quand il lui parlera dans le secret.

Sainte Reine, qui avez passé vos plus beaux jours dans la contemplation, demandez pour nous le don d'oraison.

Sainte Reine, qui avez conservé votre virginité pour votre époux Jesus-Christ, sollicitez pour nous le don de la continence.

Sainte Reine, qui avez confessé hardiment la foi devant les tyrans, méritez-nous la grace de la confesser librement devant les hommes par nos paroles & par nos actions.

Sainte Reine, qui avez généreusement résisté aux persuasions d'Olibrius, employez votre médiation, pour que nous ayons la grace de repousser avec succès toutes les tentations.

Sainte Reine, qui avez méprisé toutes les voluptés & les espérances du monde, faites que nous ne soyons pas vaincus par ses délices trompeuses.

Sainte Reine, qui avez bravé toutes les menaces des payens, faites que nul respect humain ne nous empêche de rendre à Dieu ce que nous lui devons.

Sainte Reine, qui avez allumé dans votre cœur un desir ardent de souffrir à l'exemple des Martyrs, intercédez pour nous auprès d'eux, pour que nous imitions leurs actions.

Sainte Reine, qui avez refusé l'alliance & les richesses d'Olibrius, priez le Seigneur qu'il nous préserve de tout amour profane.

Sainte Reine, qui avez été enchaînée dans un affreux cachot, demandez pour nous la force de rompre toutes les chaînes de nos péchés.

Sainte Reine, qui avez enduré les horreurs d'une fâcheuse prison, priez pour que nos ames demeurent fidelles à Dieu dans la prison de leurs corps.

Sainte Reine, qui avez été inhumainement fouettée & étendue sur le chevalet, priez pour que nous supportions patiemment les fléaux qui nous seront envoyés pour l'expiation de nos fautes.

Sainte Reine, qui avez été déchirée avec des peignes de fer, invoquez pour nous le Dieu trois fois Saint, pour que notre chair ne succombe pas sous les attraits de la volupté.

Sainte Reine, dont les côtés ont été brûlés avec des flambeaux ardens, faites éteindre par votre entremise, les brasiers de notre concupiscence.

Sainte Reine, qui de l'ardeur des flammes avez passé dans la froideur d'un bain, ne souffrez pas que nous soyons engloutis dans les eaux des tribulations.

Sainte Reine, qui avez tendu le col au bourreau pour l'amour de Dieu, obtenez-nous la grace que nous soyons prêts de tout sacrifier plutôt que de l'offenser.

Sainte Reine, Patrone de la Bourgogne, recevez-nous fous votre protection.

Sainte Reine, fecourable à tous les malades, demandez la guérifon des infirmités de nos corps & de nos ames.

Sainte Reine, parée de l'ornement de toutes les vertus, méritez-nous celles qui font nécessaires pour notre falut.

Nous vous en prions, par le très-grand amour que vous avez porté à Jefus-Chrift.

Nous vous en conjurons par les fermes defirs que vous avez conçus de répandre votre fang pour la défenfe de la Religion.

Nous vous en fupplions par le vœu que vous avez fait de garder votre virginité.

Nous vous en prions, par cette joie extrême que vous reffentîtes en la converfion de quatre-vingt-cinq perfonnes qui embrafferent le Chriftianifme, au moment de votre martyre.

Nous follicitons cette grace, par le fang virginal que vous répandîtes pour l'Agneau fans tache.

Nous vous en conjurons par cette charité

ineffable, avec laquelle vous priâtes pour la conversion de vos compatriotes, de vos juges & de vos bourreaux.

Nous la réclamons, par la couronne immortelle que vous portez maintenant dans le Ciel.

Agneau de Dieu, Chef des Vierges qui vous suivent par-tout où vous allez, pardonnez-nous.

Agneau de Dieu, victime innocente, exemplaire & prototype des Martyrs, exaucez-nous.

Agneau de Dieu, lion de la Tribu de Juda, duquel procede la fermeté des Martyrs, ayez pitié de nous.

℣. Les ames des Justes vivront éternellement;

℟. Leur récompense est d'être auprès de Dieu.

ORAISON.

Doux Jesus! la pureté de l'ame a toujours été à vos yeux une des plus agréables vertus. C'est pour la conserver que votre illustre Vierge Sainte Reine a pré-

C v

féré dans ses plus brillantes années la mort à la vie. Accordez-nous ce don précieux que le plus sage des hommes vous demandoit si instamment, sachant qu'il ne peut venir que de vous, qui êtes la sagesse incréée. Ainsi soit-il.

LITANIÆ
Sanctæ Reginæ Virginis & Martyris.

Kyrie eleyson.
Christe eleyson.
Kyrie eleyson.
Christe audi nos.
Christe exaudi nos.
Pater de cœlis Deus.
Fili Redemptor mundi Deus,
Spiritus Sancte Deus,
Sancta Trinitas unus Deus,
Sancta Maria, Mater Dei,
Sancta Regina,
Virgo nobilis genere, nobilior fide,
Virgo mundi contemptrix,
Sponsa Christi,
Lumen Burgundiæ,

Miserere nobis. Ora pro nobis.

Alexiæ Civis & Patrona,
Prodigiis admiranda,
Salus ægrotantium,
Curatrix vulnerum,
Regina catenis constricta,
Regina in carcerem detrusa,
Regina flagellis cæsa,
Regina flammis exusta,
Regina aquis frigidis & fœtidis immersa,
Regina à Deo confortata,
Regina gladio percussa,
Regina ab Angelis in cœlum coronata,

} Ora pro nobis.

Agnus Dei, qui tollis peccata mundi, parce nobis Domine.

Agnus Dei, qui tollis peccata mundi, exaudi nos Domine.

Agnus Dei, qui tollis peccata mundi, miserere nobis.

℣. Ora pro nobis, beata Virgo & Martyr Regina ;

℞. Ut digni efficiamur promissionibus Christi.

Oremus.

Omnipotens Deus, qui nos beatæ Reginæ confessione inclytâ circumdas & protegis; præsta nobis, ejus imitatione, proficere, & oratione muniri, ut ipsius semper adjuvemur meritis, cujus instruimur exemplis. Per Dominum nostrum, &c.

CHAPITRE IV.

OFFICE LATIN DE SAINTE REINE.

In Primis Vesperis.

Antiphonæ.

Lætare & exulta in omni corde, filia; gaudebit super te Dominus in lætitiâ, & exultabit super te in laude. *Sophr.* 3. 14. 17.

Elevabis ad Deum faciem tuam, & exaudiet te : vota tua reddes, & in viis tuis splendebit lumen. *Job.* 22.

Eris corona gloriæ in manu Domini, quia complacuit Domino in te, & gau-

de Sainte Reine d'Alife.

debit super te Deus tuus. *Isaiæ* 62. 3. 4. 5.

Quàm pulchri sunt gressus tui, filia principis, quàm pulchra es, & quàm decora carissima in deliciis. *Cant.* 7. 1.

Capitulum.

Facile videtur sapientia ab his qui diligunt eam; & invenitur ab his qui quærunt illam; præoccupat qui se concupiscunt, ut illis se prior ostendat.

℞. *brev.* Pars mea Dominus, dixit anima mea * expectabo eum.

℣. Bonus est animæ quærenti illum. * Expectabo eum. Gloria Patri, &c. Pars mea, &c. *Thren.* 3. 24.

Hymnus.

Fument templa sacri thuris odoribus;
Festivis resonent cantibus organa,
Accurrant populi dicere Virginem,
  Christi psallere Martyrem.

Diris quam Genitrix impia voverat,
Nutrix plena Deo vindicat hanc sibi,
Mox Regina sacro flumine tingitur,
  Et cum lacte bibit fidem.

Infans sacra legit prælia Martyrum:
Hinc sponsi teneris languet amoribus;
Vellet virgineum fundere sanguinem
    Christo, jam cuperet mori.

Quas mundus tribuit divitias, negat;
Quos offert thalamos, integra respuit:
Uni, Christe, tibi Virgo vovet fidem,
    Uni, se, sua consecrat.

O qui pura, Deus, pectora Virginum
Puris semper amas ignibus urere,
Castè fac jugiter nos tibi vivere,
    Castè da pariter mori.

Sit laus summa Patri, summaque Filio,
Sit par sanctè tibi gloria, Spiritus,
Per te divus amor, frigida pectora
    Puris ignibus ardeant. Amen.

℣. Concupiscet Rex decorem tuum;

℟. Quoniam ipse est Dominus Deus tuus. *Psalm.* 44. 12.

Ad Magnificat *Antiphona.*

Stabit in fortitudine Domini, in sublimitate nominis Domini Dei sui, quia magnificabitur usque ad terminos terræ. *Mich.* 5. 4.

Oremus.

Deus, qui mysteria, quæ à sapientibus & prudentibus abscondisti, parvulis revelare dignatus es; fac, intercedente beatâ Reginâ Virgine & Martyre tuâ, quæ insanam sæculi sapientiam dedocta, Christum crucifixum & discere meruit & profiteri, ut sanam stultitiæ Crucis doctrinam sectando, verè sapientes esse valeamus. Per Dominum, &c.

In Translatione & Revelatione.

Oremus.

Deus, qui nos beatæ Reginæ Virginis & Martyris tuæ potenti præsidio circumdas & protegis; Translationem (vel Revelationem) Corporis ejus celebrantes, exaudi propitius, ut assiduis tantæ Patronæ suffragiis tuam semper misericordiam consequamur, & gratiam inveniamus in auxilio opportuno. Per Dominum, &c.

AD MATUTINUM.

Invitat. Dilectum, qui pafcitur inter lilia, Dominum * Venite, adoremus. *Cant.* 1. *ch.* 6.

HYMNUS.

Jam Virgo tenebris fufficit occuli:
Iratus genitor prodere te jubet;
Qui vitam dederat, dedere te neci
  Amens non renuit pater.

At Regina minis cedere nefcia,
Ridet, quos genitor concelebrat Deos;
Spernit blanditias, munera refpuit,
  Spectans præmia Cœlitûm.

Cernens immobilem pectore Virginem
Ad majora vocat prælia; non timens
Servabit pretio fanguinis integram
  Infans quam tenuit fidem.

Frustra Prætor atrox, fuppliciis paras
Pectus magnanimum frangere Virginis;
Hæc ignes, gladios, delicias putat
  Divinæ necis æmula.

Squallenti fubitò carcere clauditur:
Sed dulces tenebræ, carcer amabilis;

O nox perpetuo, splendidior die,
Mentem Virginis allevas.
Sit laus summa Patri, summaque Filio,
Nec non summa tibi gloria, Spiritus,
Cujus præsidio prælia sustinent,
Contemptâ nece Martyres.

In I. Nocturno.

Ant. Domine, spes mea à juventute meâ, de ventre matris meæ, tu es protector meus. *Psal.* 7. 6.

Ant. Sitivit in te anima mea, Deus meus; quoniam melior est misericordia tua super vitas. *Psal.* 62. 2.

Ant. Nunquam cum ludentibus miscui me, neque cum his qui in levitate ambulant participem me præbui. *Tob.* 3. 17.

Ant. Tu scis quia nunquam concupivi virum, & mundam servavi animam meam ab omni concupiscentiâ. *Tob.* 3. 16.

Ant. Nosti quia oderim gloriam iniquorum, & non lætata sit ancilla tua, nisi in te, Domine Deus. *Esth.* 14. 13.

Ant. Factum est mihi verbum tuum in gaudium, & in lætitiam cordis mei; non sedi in consilio ludentium, quoniam comminatione replesti me. *Jerem.* 15. 16.

℣. Declaratio sermonum tuorum illuminat ;

℟. Et intellectum dat parvulis. *Psal.* 118.

Lectiones de libro Ecclesiastici, Confitebor, *& de Communi Virginum.*

℟. I. Cùm adhuc junior essem, priusquàm oberrarem, quæsivi sapientiam in oratione meâ : * effloruit tanquam præcox uva, lætatum est cor meum in eâ.

℣. Propter eminentem scientiam Jesu-Christi Domini mei, omnia detrimentum feci. Effloruit, &c. *Eccles.* 51. *Philip.* 3.

℟. II. Tenuisti manum dexteram meam, & in voluntate tuâ deduxisti me, Domine :* quid mihi est in coelo, & à te quid volui super terram, Deus cordis mei, & pars mea in æternum ?

℣. Misericordia Domini à progenie in progenies timentibus eum. Quid mihi est, &c. *Psal.* 72. *Luc.* 1.

℟. III. Quæ retrò sunt obliviscens, ad ea quæ sunt priora extendens me * ad destinatum persequor, ad bravium supernæ vocationis Dei in Christo Jesu.

℣. Lætatum est in abscondito cor meum: non dedi ad peccandum guttur meum. Ad destinatum, &c. *Philip.* 3. *Job.* 31.

℟. IV. Dilexisti justitiam, & odisti iniquitatem. * Proptereà unxit te Deus Deus tuus oleo lætitiæ.

℣. Virgo cogitat quæ Domini sunt, ut sit Sancta corpore & spiritu.

Proptereà unxit te Deus Deus tuus oleo lætitiæ. Gloria Patri, & Filio, & Spiritui sancto. Proptereà, &c. *Psal.* 44. 1. *Cor.* 7.

In II. Nocturno.

Ant. Egressum est nomen tuum in gentes, quia perfecta eras in decore meo, dicit Dominus. *Ezech. Cap.* 16.

Ant. Amodò voca me, pater meus; dux virginitatis meæ tu es. *Jerem.* 3.

Ant. Erat eleganti aspectu nimis, & in omnibus famosissima, quoniam timebat Deum valdè. *Judith.* 7. 8.

Ant. Magna facta est, & præclarior erat universæ terræ ; erat enim virtuti caritas adjuncta. *Judith.* 8.

Ant. Decretum exiit in proximas gentilium civitates, ut pari modo sacrificarent, eos autem qui nollent transire ad instituta gentium, interficerent. *2. Mach. 6.*

Ant. Cùm irent omnes ad vitulos aureos, fugiebat consortia omnium, & adorabat Dominum Deum Israel. *Tob. 1.*

℣. Cantabo, Domine, fortitudinem tuam;

℟. Et exultabo manè misericordiam tuam. *Psal. 58.*

Lectio V.

Regina Virgo, quâ Cive & Patronâ Alexia gloriatur, genere nobilis, sed Christi fide, quâ parentes caruerunt, longè nobilior, statim ab ortu matre orbata Christianæ nutrici committitur, quæ veriùs parent alumnam suam, quam mater mundo genuerat, cœlo peperit. Eam enim & sacro fonte lustrandam curavit, & huic unâ cum lacte pietatem instillavit. Grandior effecta, legendis audiendisque Martyrum gestis; jam tum ejusdem laureæ desiderio succensa, impensè gaudebat. Cùmque plures illam ob formæ venuſtatem deperirent, ſponſum ſibi pulcherrimum præ filiis hominum, Chriſtum eligens, huic adeò conſtanter adhæſit, ut ab ejus amplexibus, nullis unquam Patris vel conſanguineorum minis dimoveri potuerit.

℟. V. Cùm ederent omnes ex cibis gentilium, cuſtodivit animam ſuam, * Et memor fuit Domini in toto corde ſuo. ℣. In operibus bonis teſtimonium habens, omne opus bonum ſubſecuta eſt. Et memor. *Tob.* 1. *Tim.* 5.

Lectio VI.

Quindecim non amplius annos nata, Olibrio Galliarum Præſidi ſiſtitur, qui eximiâ illius ſpecie captus, promiſſis primò ingentibus ac blanditiis, deindè terroribus & minis pugnavit, ut Virginem ad idolorum cultum traheret. Quam ubi cæcam ad munera, ſurdam ad blanditias & minas invenit, amore in furorem verſo, conjecit in carcerem. Sed Chriſti famula in ipſis vinculis libera, carcerem palatio prætulit, & agonem quem ſubitura erat, sponso enixè commendavit. Subindè sensit se indui virtute ex alto, & è carcere educta, post prædicatam magnificè Religionis Christianæ dignitatem, Tyrannum ad quælibet tormenta infligenda provocavit : quare illius jussu confestim in equuleo cruciata, virgis atrocem in modum cæditur; munita tamen sponsi verbo, quo cœli ipsi firmati sunt, in fidei confessione constanter perseverat.

℞. VI. Dominus pars hæreditatis meæ & calicis mei, tu es qui restitues hæreditatem meam mihi. * Funes ceciderunt mihi in præclaris, etenim hæreditas mea præclara est mihi. ℣. Commota est civitas, & nuntiatum est Tribuno, qui assumptis militibus, accedens apprehendit, & jussit alligari catenis. Funes. *Psal.* 15. *Act.* 21.

LECTIO VII.

TUM Prætor ad nova tormenta se convertens, ferreis unguibus tenerrimum corpusculum jubet immanissimè laniari : verùm ungulæ in lacero puellæ corpore integrum & plusquàm virilem animum prodiderunt. Rursùs ferreis vinculis constricta, suoque consperla sanguine, carcere concluditur, ubi dùm pernox orationi incumbit, crux illi à terrâ cœlum pertingens, inter intempestæ noctis tenebras apparuit : è cujus apice columba, meritis veriùs quàm nomine Reginam ad immortalis gloriæ coronam evocavit. Quâ voce divinitùs roborata, ad nova certamina fortiter descendit : nam facibus ardentibus ustulata, manibus pedibusque colligatis, in aquas fœtidas dejicitur ; sed faces lateri admotas in sancti amoris flammas, & aquas in rorem vertit Deus, ruptisque cœlesti ope vinculis, Virgo ex aquis pulchrior emersit.

℞. VII. Gloriosissimam mortem magis quàm odibilem vitam complectens, intuens quemadmodùm oporteret accedere, * Destinavit non admittere illicita propter Dei amorem. ℣. Fide negavit, magis eligens affligi cum populo Dei, quàm temporalis peccati habere jucunditatem. Destinavit. 2. Mach. 6. Hebr. 11.

LECTIO VIII.

Denuò ergo triumphanti columba illa divina è cœlo advolans coronam imposuit, & dilectam ad cœlestis sponsi thalamum invitavit; quo miraculo, & singulari puellæ constantiâ permoti è gentilibus ampliùs octoginta Christi fidem susceperunt. Tunc Olibrius pudore simul & furore percitus, desperatâ victoriâ, caput Virginis cœlitùs coronatum gladio abscidit : sed alteram invitus lauream adjecit : illa namque de carne & tyranno geminum triumphum agens, concinentibusque Angelis stipata, ad æternos castissimi sponsi amplexus, & martyrii palmam in omnium oculis evolavit. Sacrum illius corpus à Christianis apud Alexiam sepultum, ad Flaviniacense Monasterium ingenti populi concursu delatum est, ac honorificè conditum, anno salutis octingentesimo sexagesimo quarto duodecimo Calendas Aprilis; in quo ad hæc usque tempora, unâ cum ferreis catenis, quibus in carcere revincta est, religiosissimè fuit asservatum;

de Sainte Reine d'Alise.

aſſervatum ; magnâ ſemper illuc undique confluentium pietate concurritur, tanquam ad certiſſimum aſilum, in quo variis morbis conflictati corporis & animæ ſalutem reperiunt.

℟. VIII. Suprà modum mirabilis & bonorum memoriâ digna, bono animo ferebat, * Propter ſpem quam in Deum habebat, repleta ſapientiâ, & feminæ cogitationi maſculinum animum inferens.

℣. Mihi abſit gloriari, niſi in cruce Domini noſtri Jeſu-Chriſti, per quem mihi mundus crucifixus eſt, & ego mundo. Propter. 2 *Matth.* 8. *Jac.* 6.

In III Nocturno.

Ant. Vox dilecti mei, en dilectus meus loquitur mihi : Surge, propera, amica mea, formoſa mea, & veni. *Cant.* 2.

Cant. Obaudite me, *cum reliquis de Communi Virginum.*

℣. Quis dabit mihi pennas ſicut columbæ ?
℟. Et volabo, & requieſcam. *Pſal.* 54.
Lectio S. Evangelii ſecundùm Mathæum.

L e c t i o IX. *Cap.* 13.

IN illo tempore : Dixit Jeſus Diſcipulis ſuis parabolam hanc : Simile eſt Regnum

Cœlorum thesauro abscondito in agro. Et reliqua.

Homilia Sancti Gregorii Papæ.
Homil. 11. *in Evang.*

Rursum cœleste Regnum negociatori homini simile dicitur, &c.

℞. IX. Cùm plagis perimeretur, dixit : Domine, qui habes sanctam scientiam, manifestè tu scis, quia cùm à morte possem liberari, duros corporis sustineo labores : * Secundùm animam verò, propter timorem tuum libenter hæc patior. ℣. Vociferantibus eis, jussit Tribunus flagellis cædi & torqueri. Secundùm. 2. *Mach.* 6. *Act.* 22.

℞. X. Hostis meus terribilibus oculis me intuitus est., percussit maxillam meam, convulneravit lumbos meos, * Effudit in terrâ viscera mea ; absque iniquitate manus meæ, cùm haberem mundas ad Deum preces.

℣. In nullo confundor ; sed in omni fiduciâ magnificabitur Christus in corpore meo : mihi enim vivere Christus est, & mori lucrum. Effudit. *Job.* 16. *Philip.* 1.

℞. XI. Bonum certamen certavi, tempus resolutionis meæ instat ; * In reliquo reposita est mihi corona justitiæ quam reddet mihi Dominus justus judex. ℣. Qui astabant, miseratione commoti, secretò rogabant, ut simularetur, sicut Rex imperaverat, ut hoc facto à morte liberaretur; & respondit citò. In reliquo reposita est. *2. Tim. 4. 2. Mach. 21.*

℟. XII. Quemadmodùm desiderat cervus ad fontes aquarum, ita desiderat anima mea ad te, Deus; sitivit anima mea ad Deum vivum, * Quando veniam, & apparebo antè faciem Dei ? ℣. Coarctor è duobus, desiderium habens dissolvi & esse cum Christo. Quando veniam. Gloria Patri. Quando. *Psal. 41. Philip. 1.*

Evangelium. Simile est Regnum Cœlorum thesauro; *de Communi non Virg.*

AD LAUDES.

Ant. Laudate Dominum, qui non deserit sperantes in se; & in me ancillâ suâ adimplevit misericordiam suam. *Judith. 13.*

Ant. Gaudens gaudebo in Domino, quia induit me vestimentis salutis, quasi sponsam ornatam monilibus suis. *Isaïæ 61.*

D ij

Ant. Felix sterilis & incoinquinata, quæ nescivit thorum in delicto. *Sap.* 3.

Ant. Eo quòd castitatem amaveris, manus Domini confortavit te, & eris benedicta in æternum. *Judith.* 15.

Ant. Benedictus Dominus, qui exaltavit eam, & sit regnum ejus in sæcula sæculorum, alleluia. *Tob.* 13.

C A P I T U L U M. *Zac.* 9.

Quid bonum Domini est, & quid pulchrum ejus, nisi frumentum electorum, & vinum germinans Virgines ?

℟. *br.* Diligam te, Domine, * fortitudo mea, ℣. Firmamentum meum, & refugium meum. Gloria Patri. Diligam te. *Psal.* 17.

H y m n u s.

Non te voluptas frangere mollior,
Non te Tyrannus flectere jam potest:
    Regina, prodi: nec cruorem
    Virgineum timeas litare.

Nudos in artus, impiè carnifex,
Sævi; flagellis admove pectines;
    Lento cremetur corpus igne,

de Sainte Reine d'Alise.

Impavidam feries securis.
Hæc irretorto lumine conspicit
Pompam dolorum, quam sibi barbarus
   Tortor parabat : molle pœnis
   Virgo dabit lacerare corpus.
Altis medullis intimus it dolor
Tostos per artus; corporis immemor
   Intacta mansit mens puellæ;
   Magnanimâ fide cuncta vincit.
Sit summa Patri, summaque Filio,
Sanctoque compar gloria Flamini ;
   Sanctæ litemus Trinitati
   Perpetuo pia corda cultu. Amen.

℣. Secundùm multitudinem dolorum meorum in corde meo.

℟. Consolationes tuæ lætificaverunt animam meam. *Psal.* 93.

Ad Benedictus, *Antiphona.*

Ant. Ornavi te ornamento, & dedi coronam decoris in capite tuo; & decora facta es vehementer nimis, & profecisti in regnum, alleluia. *Eccl.* 16.

Oratio. Deus, qui mysteria, &c. *ut suprà in Vesperis.*

AD PRIMAM.

Ant. Cùm ab infantiâ suâ semper Deum timuerit, & mandata ejus custodierit, immobilis in Dei timore permansit. *Tob.* 2. 13

Ad absol. Capituli, Lectio. *Eccli.* 51.

Confitebor tibi, Domine, Rex, quoniam adjutor & protector factus es mihi, & liberasti me secundùm multitudinem nominis tui, à rugientibus præparatis ad escam : de manibus quærentium animam meam, & de portis tribulationum quæ circumdederunt me. Tu autem, Domine.

AD TERTIAM.

Ant. Dixit ei Rex, quare non adoras Bel ? Respondens, ait ei : Non colo Idola manu facta, sed viventem Deum, qui creavit cœlum & terram. *Dan.* 14.

Capitulum. 1. *Cor.* 26.

Infirma mundi elegit Deus, ut confundat fortia ; & ignobilia mundi elegit, & ea quæ non sunt, ut ea quæ sunt destrueret ; ut non glorietur omnis caro in conspectu ejus.

℣. Expugnaverunt me à juventute meâ;
℟. Etenim non potuerunt mihi. *Pfal.* 128.

AD SEXTAM.

Ant. Tunc accensûs irâ, crudeliùs defævit, indignè ferens se derisum; & per omnia in Domino confidens confumpta est. 2. *Mach.* 7.

CAPITULUM. *Sap.* 4.

CONDEMNAT justus mortuus vivos impios, & juventus celeriùs confummata longam vitam injusti.

℣. Super senes intellexi;
℟. Quia mandata tua quæsivi. *Pfal.* 118.

AD NONAM.

Ant. Exultat audacter: in occurfum pergit armatis; contemnit pavorem, nec cedit gladio. *Job.* 39.

CAPITULUM. *Eccli.* 4.

PRO justitiâ agonisare, & usque ad mortem certa; & Deus expugnabit pro te inimicos tuos.

℣. Justitiam tuam non abscondi in corde meo.

℞. Veritatem tuam & salutare tuum dixi. *Psal.* 39.

IN II. VESPERIS.

Ant. In perpetuum coronata triumphat, incoinquinatorum certaminum præmium vincens. *Sap.* 4. 12.

Ant. Benedicta tu, filia, à Domino, quia hodiè nomen tuum ita magnificavit, ut non recedat laus tua de ore hominum. *Judith.* 13.

Ant. Tu honorificentia populi nostri, quia fecisti viriliter; ideò manus Domini confortavit te; & eris benedicta in æternum. *Ibid.* 15.

Ant. In omni gente quæ audierit nomen tuum, magnificabitur super te Deus Israel. *Ibid.* 31.

CAPITULUM. *Apoc.* 3.

Qui vicerit, dabo ei sedere mecum in throno meo, sicut & ego vici, & sedi cum Patre meo in throno ejus.

℞. br. Juvenes & Virgines, senes cum junioribus * Laudent nomen Domini.
℣. Astitit Regina à dextris ejus, in vestitu

deaurato. Laudent. Gloria. Laudent. Juvenes. *Pfal.* 148.

HYMNUS.

Hac die scandens super astra Virgo
Obtinet duri pretium laboris;
Nos simul votis modò prosequamur
    Astra petentem.

Quam novæ sortis nova nunc imago!
Ambiunt frontem geminæ coronæ.
Compedes, ignis, flagra, crux, securis,
    Pompa triumphi.

Ad piam, cives, revocare mentem,
Quod suæ Cœlo memor illa gentis
Contulit vobis bona multa, semper
    Sidus amicum.

Redditur cœco sua lux, & auris
Redditur surdo, sua lingua muto:
Impari qui vix pede claudus ibat,
    Ambulat æquo.

Imperas morbis, abigis malignos
Spiritus, undas tribuis medentes:
Usque das mirum per opaca noctis
    Cernere lumen.

Hinc Deo cives pofuêre templa,
Quæ tuum dicent fine fine nomen;
Jure te civem vocat & patronam
  Civis & hofpes.

Sit Patri, fit laus Genito, fit almo
Flamini, fit laus tribus unà femper;
Et tibi cunctis, Deus unus, æqua
  Gloria fæclis. Amen.

℣. Exultabit anima mea in Domino;
℟. Et delectabitur fuper falutari fuo.
Pfal. 34.

Ad Magnificat.

Ant. Refpice ad preces ejus, Domine Deus; audi orationem quam orat coram te hodiè, ut exaudias deprecationem populi tui, quodcumque oraverint in loco ifto, alleluia. 3. *Reg.* 8.

Intra Octavam S. Reginæ femiduplex. Omnia ut in die, præter ea quæ hîc notantur.

Ad Matutinum.

Pfalmi de feriâ, fub una antiphona, incipiendo à primâ I. Nocturni; & fic per ordinem: Verfus & Refponforia fumuntur ex

Nocturno diei secundùm feriam. Lectiones ex Sermone Sancti Maximi Episcopi, Cùm in toto mundo virgineus flos, &c. Et sermone 103. de divers. Sancti Augustini Episcopi, Præmia Martyrum, carissimi, maxima credimus, &c.

IN FESTO TRANSLATIONIS SANCTÆ REGINÆ,

VIRGINIS ET MARTYRIS.

Duplex j. Class. j. Ord.

Omnia ut supra in Natali ejusdem, præter ea quæ hîc propria assignantur.

IN II. NOCTURNO.

Lectio V.

Regnante super Francos Carolo Calvo, venerabilis Egilus Flaviniacensis Abbas, sacrum corpus beatæ Reginæ Virginis & Martyris ex oppido Alexiensi suæ ditioni subdito, ad Flaviniacense Cœnobium transferre cupiens, assumpto secum Salocone Dolensi Episcopo, qui Jonæ Æduensis Episcopi vices gerebat, comitantibusque Monachis Alexiam se contulit, ibique omnes ad sacrum corpus in oratione pernoctârunt.

Lectio VI.

Postero mane Saloco Episcopus & Egilus Abbas, ceterique fratres divinam opem publicis supplicationibus efflagitârunt. Tum Episcopus & venerabilis Abbas sacrum tumulum adierunt, & amoto ingenti saxo quo operiebatur, suavissimus indè odor efflavit; statimque in hymnos & cantica, omnium qui aderant una vox erupit. Dùm autem sacrum corpus in feretrum reconderetur, fratres vestibus sacris induti, Oratoriumque ingressi, Missarum solemnia celebrârunt.

Lectio VII.

His peractis, magna nobilium plebeïorumque multitudo, qui ad tantam celebritatem undequâque convenerant, sacra pignora singulari veneratione Flaviniacum usque prosecuta est. Summâ igitur populi alacritate corpus Sanctæ Reginæ ad Flaviniacense Cœnobium hâc die delatum est, & sub majore altari reverenter collocatum, unâ cum catenâ ferreâ quâ in carcere revincta fuisse perhibetur.

Lectio VIII.

Hæc festivitas sub inhumationis & susceptionis nomine primitùs celebrata est. Multis post annis ejusdem Beatæ Virginis & Martyris Reliquiæ in capsâ ligneâ collocatæ fuerunt. Tandem anno millesimo sexcentesimo quinquagesimo nono, in thecam argenteam affabrè elaboratam translatæ sunt, præter caput & brachia, nec-non carnem cordis ejus dessicatam, quæ variis in Thecis recondita, ibi religiosè asservantur & coluntur.

IN III. NOCTURNO.

Lectio S. Evangelii secundùm Matthæum.

Lectio IX.

In illo tempore: Dixit Jesus Discipulis suis parabolam hanc: Simile est Regnum

Cœlorum thesauro abscondito in agro. Et reliqua.

Homilia Sancti Petri Chrysologi.

Christus Deus noster, quod cœlum, terram, mare, &c.

Die xiij Julij.

IN FESTO REVELATIONIS SANCTÆ REGINÆ,

VIRGINIS ET MARTYRIS.

Duplex maj. iij. Ord.

Omnia ut suprà in ejus die Natali, præter Lectiones sequentes.

IN II. NOCTURNO.

Lectio V.

Post gloriosissimum Beatæ Reginæ Virginis ad Cœlos triumphum, in eodem loco ubi martyrium passa fuerat, pauci qui erant Christiani corpus ejus tumulârunt, unâ cum catenâ ferreâ quâ in carcere revincta fuerat. Sic terræ visceribus abditum sacrum pignus ferè mansit incognitum, donec ingenti miraculorum numero tandem revelatum fuit. Undè hæc festivitas tùm Alexiæ, tùm Flaviniaci, sub Revelationis nomine celebratur.

Lectio VI.

Repertum hujuscemodi thesaurum è terrâ levaverunt Presbyteri, atque Alexiam intrà muros oppidi cum ingenti pompâ delatum in lapideo sepulcro collocârunt. suprà illud ædificata est Ecclesia, quam, teste Constantio, oratore celeberrimo, circà annum quadringentesimum pastorali curâ regebat vir pius ac nobilis nomine senator.

Lectio VII.

Sed crescente in dies Beatæ Reginæ meritorum ac miraculorum famâ, hæc ipsa Ecclesia crevit in celebre Ordinis Sancti Benedicti Monasterium, quod paulò post pietate Fidelium, sed potissimùm immensâ venerabilis Vidradi Flaviniacensis etiam

Cœnobii fundatoris liberalitate dotatum fuit.

Lectio VIII.

Ædificata sic Monasterio in Alexiensi Oppido, Ecclesiam sibi Parochialem incolæ construxerunt propè dictum Oppidum sub titulo Sancti Leodegarii in clivo montis. Sed cùm in prædicto Monasterio quiescerent adhuc Sanctæ Reginæ Reliquiæ, tam crebra fiebant ad ejus Tumulum miracula, ut ea referre omninò sit impossibile.

In tertio Nocturno Homil. in Evang. Simile est Regnum Cœlorum thesauro : *ut suprà in Festo Translationis ejusdem.*

MISSA PROPRIA
IN FESTIS SANCTÆ REGINÆ,
VIRGINIS ET MARTYRIS.

Introitus.

Super inimicos meos prudentem me fecisti mandato tuo, Domine, quia in æternum mihi est. Super senes intellexi, quia mandata tua quæsivi, alleluia, alleluia.

Psal. Lucerna pedibus meis verbum tuum: & lumen semitis meis. Gloria Patri. Super inimicos, &c.

GRADUALE.

INFIRMA mundi elegit Deus, ut confundat fortia; ut non glorietur omnis caro in conspectu ejus. ℣. Arcus fortium superatus est; & infirmi accincti sunt robore.

Alleluia. ℣. Vitâ decessit, non solùm juvenibus, sed & universæ genti memoriam mortis suæ, ad exemplum virtutis & fortitudinis derelinquens. *Tempore Paschali,* Alleluia. ℣. Erat eleganti aspectu nimis, & omnibus famosissima, quoniam timebat Dominum. *In Quadrag. Tractus,* Veni, sponsa, &c.

PROSA.

Sub cantu Profæ Festi Annuntiationis
Mittit ad Virginem, &c.

INIT impavida
Regina prælium,
Frustrà dum Tartara
Parant exitium
Invictæ Virgini.
 NEQUICQUAM genitor,
Immitis carnifex,
Durus excubitor,
Pœnarum artifex,
Obsistit numini.
 DEOS hæc fictiles
Calcans & nuptias,
Christi præstabiles
Captans divitias,
Patre non flectitur.
 CLAUSA carceribus,
Constricta vinculis,
Cæsa verberibus,
Adusta faculis,
Fide non frangitur.
 QUID terris rapere
Quam terris dederas,
Vis Pater? addere
Cœlo tu properas,
Quo cadet gladio.
 O sors lætissima!
Quantùm erigitur
Cadendo victima!
Quot palmis fruitur
Vitæ dispendio!
 ADES fortissimo,
Christe, certamini,
Misces castissimo
Robur & sanguini,
Venis dum funditur.
 SI tortor verticem
Truncat, quem diligit
Hæc Deum vindicem

de Sainte Reine d'Alise.

Habere meruit, Sæcli blanditias,
Quæ surfum nascitur. Terrores hostium,
  O quæ tortoribus Carnis delicias,
Victis, Cœlestia Quodcumque vitiū,
Jam gustas fontibus Fac nos effugere.
Divinis ebria;
Fac post te currere. Amen.

OFFERTORIUM.

In hoc cognovi quoniam voluisti me, Domine, quoniam non gaudebit inimicus meus super me : propter innocentiam suscepisti me, & confirmasti me in conspectu tuo in æternum. Alleluia.

COMMUNIO.

Factus est sermo Domini in corde meo, quasi ignis exæstuans, claususque in ossibus meis. Cantate Domino, Laudate Dominum, quia liberavit animam pauperis de manu malorum. Alleluia.

HYMNI TRES

In honorem Sanctæ Reginæ Virginis & Martyris, D. D. Ludovici Donii d'Attichy, Æduenfis Epifcopi juffu editi; Semurii, apud Claudium Ant. Michard, Typographum, 1723.

Primus.

Orbis exultans modulante linguâ
Pange Reginæ geminas coronas
Quâ die florem niveum pudoris
    Sanguine pinxit.

Gentis hæc olim patriæ tenebras
Luce divinâ radians fugavit;
Et triumphantis furias minaces
    Rifit Averni.

Sæculi prudens thalamos perofa,
Virginem legit fibi virgo fponfum,
Et fuos, uni generofa Chrifto,
    Vovit amores.

Martyrum pugnas avidè legebat,
Geftiens jam tunc proprium litare
Sanguinem fponfo, benè vix adultæ
    Prodiga vitæ.

Impii Patris fuperavit iras,
Et fibi plures paritura palmas

Vicit in sævo Genitore primum
  Virgo tyrannum.
Hostis insurgit novus in puellam,
Prætor armatus precibus minisque:
Sed novi præbet segetem triumphi
  Ipse subactus.
Christe, qui sexum fragilem perenni
Laureâ donas; tibi psallat orbis,
Cumque divino Genitore sacrum
  Flamen adoret.

Secundus.

Virgo cœlesti sociata sponso,
Præsidis technas rabiemque temnit;
Ipse succensus furiis, amorem
  Vertit in iras.
Mox faces, undas, gladios, flagella,
Compedes, uncos jubet admoveri,
Tentet ut sævâ teneram domare
  Arte puellam.
Hæc faces, tædas rata nuptiales,
Gemmeos credit sua vincla torques;
Carcer est illi solium, Deique
  Regia sponsi.
Ferreos victrix hebetavit ungues,
Acribus scindi sua membra flagris

Pertulit ridens, tenerosque solvi
    Corporis artus.

Crescit in pœnis, lacerisque gaudet
Integer membris animus puellæ;
Et per externos geminatur ignes
    Pectoris æstus.

Sub tuis palmis, generosa Martyr,
Sentiunt fructus elementa vires;
Namque devictus tibi cedit ignis,
    Cedit & unda.

Christe, &c. *ut supra.*

Tertius.

Jam suos victâ feritate Prætor
Horret aversis oculis furores:
Ridet ut falsâ pietate victum
    Virgo Tyrannum.

Ecce de Cœli solio columba
Advolans rostro diadema defert,
Atque Reginæ, radiante serto
    Tempora cingit.

Virgo, stellatas pete, dixit arces,
En tuis partam meritis coronam,
Quodque regali moritura signas
    Nomine regnum.

Invidens Præses diadema missum,
ræcipit ferro caput amputari:

Sed nova soror meritam coronat
Stemmate frontem.

Ethnicis confert moriens salutem,
Matris ut Virgo decus obtineret,
Ac duret sacro numerosa partu
Pignora sponso.

Regios Agni thalamos petentem
Virginem stipat chorus Angelorum:
Et triumphalem decorat beato
Agmine pompam.

Christe, &c. *ut supra.*

F I N I S.

www.ingramcontent.com/pod-product-compliance
Lightning Source LLC
Chambersburg PA
CBHW070526100426
42743CB00010B/1972